La Huida

Alejandra García

Introducción

Los datos recabados por el Departamento de Asuntos Económicos y Sociales de la División de Población de las Naciones Unidas (DAES) y el Consejo Nacional de Población (CONAPO) confirman que desde el año 1990 el flujo migratorio de carácter internacional se ha incrementado de forma exponencial.

Todo ello ha incentivado a que los gobiernos deban coordinarse a fin de encontrar soluciones para los problemas de los migrantes, que como es de esperarse, se caracterizan por ser de una complejidad extrema.

Muchos investigadores afirman que la administración va por un camino, y la gestión de la migración va por otro camino diferente. Todo ello va a depender del propósito con el que se lleve a cabo la migración. Por ejemplo, si el individuo puede ser residente, su propósito puede ser migrar con intenciones de quedarse o de volver a su lugar de origen. Por otro lado, puede que sólo desee pasar por ese país con el fin de trasladarse a otro país vecino.

Desde tiempos muy remotos existe la tendencia de que centroamericanos y mexicanos migren a Estados Unidos de América, aunque como se señaló anteriormente, esto ocurre con distintas modalidades de migración.

Por su situación geográfica, México es el país por donde deben transitar de forma obligatoria todos los migrantes centroamericanos y sudamericanos que tienen la intención de llegar a los Estados Unidos de América por vía terrestre y cumplir su "sueño americano". Esta situación ha conducido a que tanto las autoridades mexicanas, como los especialistas en diversas áreas y la población en general se preocupen por encontrar soluciones a este problema.

Según expertos en la materia, de la totalidad de migrantes en Estados Unidos, aproximadamente un 52% son latinoamericanos, de estos un 57% son mexicanos y en menor cuantía están los centroamericanos, que representan un 13% de la población.

Casi la totalidad de ellos ingresaron a los Estados Unidos a través de la frontera mexicana. Sin embargo, de acuerdo a investigaciones realizadas, dentro de esta totalidad de población hay miles de niños y adolescentes que son devueltos a los países centroamericanos y a México, bajo la responsabilidad del Instituto Nacional de Migración (INM).

¿Quién cuida de estos niños durante ese proceso? El organismo encargado de velar por su bienestar es el Fondo Internacional de Emergencias de las Naciones Unidas para la Infancia (UNICEF). Su labor consiste en velar por su vida y su integridad, supervisando que estos niños no sean víctimas de la explotación infantil ni de la delincuencia y que sean incorporados nuevamente a su núcleo familiar con identidad, igualdad y sin discriminación. Además, UNICEF también cuida de que reciban un buen trato, y de que su desarrollo integral se convierta en un asunto prioritario.

UNICEF también tiene como fin velar por los derechos humanos de los niños y niñas donde quiera que se encuentren. Entre esos derechos, podemos mencionar: el derecho a la no violencia, el derecho a la educación y la información para adquirir conocimientos, la libertad de expresión, el derecho a jugar, divertirse y tener horas de descanso y el derecho a la protección de la ley, entre otros derechos fundamentales.

En el libro titulado *La Huida* podemos encontrar la historia de un niño guatemalteco que decidió cruzar su país y llegar hasta el norte de México, con el fin de establecerse en los Estados Unidos. Aunque el niño logró su objetivo, en los Estados Unidos le fue muy mal y decidió regresar a Guatemala, su país de origen.

Esto llevó a que se realizaran distintas investigaciones sobre la diversidad de temas de interés del acontecer diario de los niños y adolescentes migrantes de México y Centro América.

En la narración se emplearon frases y palabras sencillas de la realidad vivida por el niño emigrante al que llamaremos Alexander. A dicha narración se le ha incorporado una dosis de enseñanza que el lector podrá disfrutar mientras aprende sobre esa realidad.

La historia se resume en contenidos no muy extensos, párrafos cortos y sencillos, de manera que al estudiante de español le sea fácil traducir, para lograr su proceso de enseñanza-aprendizaje de la manera más idónea.

Los textos son dirigidos a lectores en proceso de aprendizaje del idioma español. Se evitó el uso de palabras típicas de la zona, pero en caso de que el escrito lo requiriera, se añadió de alguna manera su significado para una mejor comprensión.

En síntesis, la finalidad del libro es lograr que el lector ejercite y comprenda la lectura en español, nutriéndose además del aprendizaje sobre el acontecer fronterizo de Guatemala, México y Estados Unidos de una manera crítica-constructiva.

El libro está integrado por una *Introducción* donde se expone brevemente un recuento de la realidad indagada, los detalles, requerimientos para la estructuración del libro, titulaciones y subtitulaciones de los cuentos; la descripción en sí en lo que se refiere su lectura.

Se logró describir en *tres (3) episodios* denominados:

1. **De Guatemala a México** compuesto en tres relatos titulados: *La decisión, la disuasión y la salida.*
2. **De México a Estados Unidos** contentivo de cuatro apartes denominados: *la travesía, el voluntariado, el albergue* y *la frontera.*
3. **De Estados Unidos a Guatemala** en el que se describe: *La llegada, explotación, repatriación, rencuentro y la prospectiva.*

De Guatemala a México

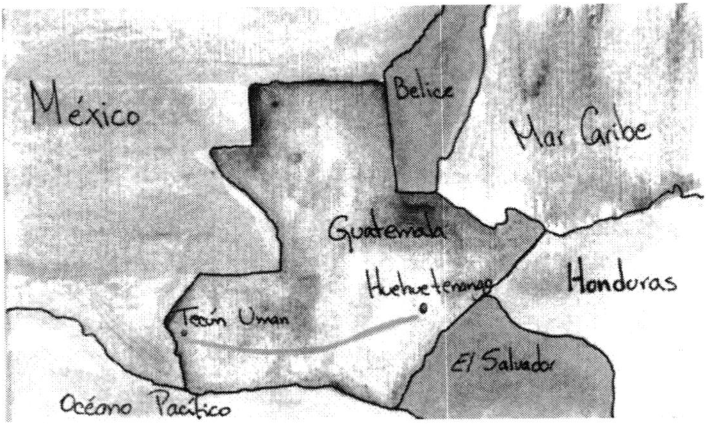

La decisión

La maestra Petronila le decía en su clase de geografía a Alexander de 16 años de edad: "A ver hijo, ¿cuál es la capital de Guatemala?"

Y su alumno respondía: "Ciudad de Guatemala, maestra."

"¡Ajá muy bien! —Contestaba Petronila —¿Y sus límites cuáles son?"

"Al noreste con México, al este con Belice, el golfo de Honduras (mar Caribe) y la República de Honduras, al sureste con El Salvador y al sur con el Océano Pacífico" —decía sonriente Alexander.

"¿Qué más me podrías decir de tu país Alexander?" —retomaba Petronila.

"Bueno... el país abarca 108.889km^2." —añadía Alexander.

"¿Y qué me puedes decir del municipio Huehuetenango?" —insistía Petronila.

“Tiene alrededor de 100.000 habitantes permanentes y unos 15.000 de población que solo por un tiempo permanecen en el lugar” —respondía gracioso Alexander.

“¿Y su topografía cómo es?” —indagaba la maestra.

“Es bastante variada, también tiene altas montañas y cimas que exceden los 3.850 metros sobre el nivel del mar, aunque yo le digo maestra hay lugares donde la topografía también desciende muchísimo, como es el caso de la Sierra de los Cuchumatanes. Su terreno es curvo por sus altibajos y su clima, por sus diversas alturas, es variado. Por ejemplo, es templado y cálido en verano.” —respondía de nuevo Alexander.

“¿Y tú sabes a cuánta distancia se encuentra Huehuetenango de la capital de Guatemala?” —comentaba Petronila.

“En realidad no está tan lejos”—afirmaba seguro Alexander—, se encuentra como a unos 264 km.

"Muy bien ¿y qué me dices de la altura?" —continuaba la profesora.

"Creo que, a 1.901,64 msnm, si no me equivoco maestra" —decía Alexander.

"¿Por qué te gusta tanto la geografía Alexander?" —indagaba la señora.

"Porque algún día tengo que salir de mi país y lo debo conocer muy bien, me iré a México y luego entraré a los Estados Unidos a reunirme con mi tío José, que le va muy bien allí."

El propósito de Alexander era irse para mejorar su nivel de vida, estudiar para luego trabajar, incluso para escapar de la violencia familiar de la que era víctima, tanto en su hogar como la ciudad donde vivía, donde existía el sicariato, el robo y el asesinato. Allí se acribillaba la gente a balazos.

Al poco tiempo, Alexander dejó de asistir a clases, pues se propuso trabajar para irse. Su maestra Petronila lo lamentó mucho, porque él era brillante y maduro. Trabajó la tierra en la finca de su padrino Edgar y aprendió a foguearse con la vida.

Él sabía que en su país como agricultor no iba a superarse, debido a que apenas podía ganar entre 4,5 y 6,5 dólares al día y de paso tenía que contribuir al sustento de su familia. También trabajó en la albañilería, donde le pagaban aproximadamente 13 dólares, pero sin seguro de vida ni protección alguna.

Se cansó de tanta tortilla de maíz y frijol y de ver como en su casa se criaban los cerdos para la venta sin ni siquiera probar un bocado de ellos.

Alexander aprendió mucho de sus compañeros de trabajo aun siendo mayores que él. Siempre estaba atento a lo que ellos decían sobre cómo tener éxito en las migraciones, por lo que cada día se incrementaban sus ganas de irse y no seguir viviendo en la pobreza.

Este sueño por emigrar le traía a Alexander muchos problemas en su hogar, su madre Josefina y su pareja Pedro se negaban rotundamente a que se fuera a los Estados Unidos.

El niño con su astucia e inteligencia, también le gustaba mucho leer. Un día se enteró que, de los 16 millones de habitantes de Guatemala, cerca del 59,3 % vivía en franca pobreza; y que ese índice aumentaba drásticamente hasta un 80% en las comunidades indígenas, ubicadas en el occidente y norte guatemalteco, donde se reportaban los principales flujos de migración hacia Estados Unidos.

Esa noticia fue determinante para Alexander, ese día se convenció que no podía seguir esperando y pensó que, si su familia no quería darle permiso, pues decidiría huir solo hacia los Estados Unidos.

Lamentaba que a pesar de amar tanto a su país, tenía que partir y dejar atrás sus flores, sus amistades, el clima exquisito y su cielo azulado, tal como decía una canción guatemalteca que solía cantar.

Alexander siempre había admirado las bellezas del río Seleguá, un lugar especial del municipio de La Democracia, en el Departamento de

Huehuetenango, siempre contemplaba admirado las ruinas de Zaculeu, un interesante sitio arqueológico que fue la capital del reino Mam.

También le encantaba escuchar las marimbas, un instrumento musical utilizado en las zonas rurales, símbolo patrio de su país. Para Alexander, su país y sus calles eran preciosas y las recorría con veneración.

Alexander llamó a su tío y le dijo: "Tío estoy pasando por una mala racha, mi mamá está viviendo con un señor llamado Pedro, él trata muy mal a mi hermano Roberto y a mí. Me han dicho que a ti te va muy bien en Estados Unidos y yo quisiera probar también."

Su tío José le dijo: "Mira, yo no puedo irte a buscar, existen demasiados controles fronterizos y me da mucho miedo que te vengas solo, tú eres aún un niño. Una vez que logres atravesar las fronteras de tu país y de México, tienes que cruzar los caminos verdes (caminerías migratorias clandestinas) y negociar además con coyotes (traficantes de personas). El peligro es evidente sobre todo con niños indocumentados como tú."

Alexander le responde: "No tío, yo tengo un amigo aquí que se llama Bernardo y está preparando un viaje con sus dos hijos (Raúl y Jorge) que son un poco mayores que yo. Yo hablaré con él y nos iríamos los cuatro juntos. Él trabaja conmigo en la finca de mi tío Edgar y cada vez que nos sentamos a almorzar planeamos cómo irnos."

"Mira Alexander —insistía José—, te expones demasiado ¿De dónde estás sacando esas cosas? ¿Qué dice Josefina? No creo que tu mamá sea tan loca en dejarte venir."

El muchacho se quedó mudo, pensando, hasta que su tío le dice: "¿Aló, me escuchas?" Y él responde: "Sí tío José. Lo que pasa es que Pedro todas las noches llega borracho, la agarra con mi mamá y con mi hermano Roberto; yo no quisiera seguir en esto, es mejor vivir allá en los Estados Unidos, como lo haces tú. Estaría contigo unos días, luego yo busco dónde alojarme. Estudiaría y trabajaría para enviarle dinero a mi mamá, también buscaría la manera de traerme a mi hermano. Los problemas ocurren a diario —comentaba Alexander—, mi casa se ha vuelto un infierno con ese hombre allí. Aparte de borracho, es grosero, va a acabar con todos nosotros, yo que te lo digo."

José indignado dice: "No me explico cómo Josefina permite eso. Esa casa es de ella y no sé por qué metió a ese hombre en su hogar. ¡Mira sobrino! —reafirmaba José—, a los niños los tratan muy mal, y los explotan en el trabajo o sexualmente. Te puede absorber el crimen organizado o sufrir algún accidente... ¡Fíjate bien!, aquí en Estados Unidos puedes ser repatriado o te pueden matar. Bueno, vas a enfrentar muchos riesgos —insistía José. —¿Y tus estudios regulares? —continuó— ¿Los vas a interrumpir? Así no terminarás nunca una carrera y no podrás vivir con tu familia... Aquí en Estados Unidos nos tildan de peligrosos, exigentes y sucios; además, nos dan los trabajos que los norteamericanos no les gusta hacer" —continuaba diciendo José.

"No importa tío —contestó Alexander—. Estoy dispuesto a perderlo todo. Mi mamá está ciega y no quiere oír que Pedro no le conviene. Ella aguanta el maltrato, porque él le da comida. Me da mucha lástima como ese hombre se dirige a mi hermano Roberto, apenas es un pequeño de 6 años que no entiende muchas cosas y a veces hasta le pega."

"Bueno sobrino, la decisión está en tus manos, yo te esperaré aquí en Corpus Christi, al sur del estado de Texas; pero no te prometo nada, porque aquí tengo una familia que mantener: mi mujer María Flor, y a Gabriel y Nana, mis dos hijos. Aquí hay trabajo sobrino, contamos con industrias químicas y metalúrgicas, también hay un puerto donde todos los días se embarca petróleo, y también algodón, pero... para ingresar a cualquier empleo debes de tener tu documentación legal. Tú eres apenas niño pequeño que no sabe nada de la vida... Escribe la dirección de la casa y me llamas cuando llegues a Corpus Christi para irte a buscar. Pero no puedo prometerte nada, ya te dije que aquí es muy difícil y el viaje es muy peligroso... ¿Tú crees que yo dejaría que mi hijo Gabriel hiciera una cosa así? ¡Ni soñarlo!"

José le dictó la dirección y Alexander le dijo: "Está bien tío José, voy a pensar bien cómo hacer las cosas, solo quería que supieras lo que estoy planificando; porque en verdad me pienso ir, me estoy preparando para eso. Aquí muchos niños de mi edad se han ido."

"Sí, pero… ¿Has sabido si tus amigos han llegado bien? —preguntó el tío José—. De esa gente que se va muy pocos regresan, Alexander. Lo más probable es que estén en manos del hampa o que los hayan matado. En Corpus Christi el trabajo no es nada fácil sobrino ya que el verano es largo, caluroso, opresivo y el invierno ventoso. ¡Bueno, tú verás… pero a mí, en lo personal, no me parece!"

La disuasión

Alexander colgó la bocina del teléfono y caminó hasta su casa pensando: "El país no me ofrece las condiciones ni de trabajo ni económicas que me ayuden a salir de esta pobreza... tengo que sobrevivir... necesito un empleo en el extranjero para enviar remesas a mamá, para que pueda acomodar la casa y no depender nunca más de Pedro. Además, mi papá se murió hace tiempo..."

"¿Qué cuento es ese de inseguridad mientras voy hacia los Estados Unidos? —pensaba Alexander—. Aquí en Guatemala la inseguridad no se aguanta y la situación cada día está peor. Abunda la pobreza, no hay empleo, hay desigualdad y violencia. Yo más bien me arriesgo a ser deportado, asaltado, violentado o morir en el intento. Si no me dejan ir, me voy a escondidas."

En la noche habló con Pedro y su mamá Josefina, les planteó la situación señalando: "Yo pienso que aquí no voy a prosperar nada, se los digo sinceramente. Falté mucho a clases, porque tenía que ir a cultivar café en estas montañas, donde mi padrino Edgar, así que es mejor que me vaya a los Estados Unidos. Lo único que te pido Pedro es que me prestes 5.000 dólares y yo resuelvo. Luego te enviaré ese dinero."

"¿Cinco mil dólares? —replicó Pedro— ¿Y de dónde los voy a sacar? ¿Tú crees que es fácil? Ya quisiera verte yo como te robarán el dinero al instante, cuando te subas en el techo del tren ¿Y tú que dices Josefina?..."

"Bueno, yo pienso que no lo voy a dejar ir ¡así de sencillo! —sentenció Josefina— Tú apenas eres un un niño, tienes que hacerte hombre primero para emprender esa travesía. Además, esos cinco mil dólares no te van a alcanzar. En todas partes te van a pedir dinero" —comentaba Josefina.

Alexander sabía que esa iba a ser la respuesta, así que no iba a entrar en provocaciones y mientras los escuchaba pensaba: "Voy a ir a hablar con mi padrino Edgar. Ese sí que me va a ayudar. Bastante que lo he ayudado yo desde chiquito en su finca cultivando café."

Al día siguiente, caminó hacia la hacienda de su padrino en la montaña y afortunadamente lo encontró y le dijo: "¡Padrino, bendición! Vengo a ver si me ayudas a irme a Estados Unidos, no aguanto más estar aquí en mi país."

—"¿Y por qué te quieres ir ahijado?" —interrumpía el padrino—. "No aguanto más vivir aquí —respondió Alexander— Tuve que dejar los estudios, porque tengo que venir a trabajarle a usted, ayudándole a cultivar el café, y así no voy a llegar a ninguna parte. ¡Usted me paga muy poco padrino!"

El padrino Edgar se lo quedó mirando y le dijo: "Eso es una odisea lo que vas a hacer, yo que te lo digo, pero bueno, es tu decisión. ¿Cuánto necesitas?"

"5.000 dólares" —le dijo Alexander.

"¿Cinco mil dólares? —replicó el padrino Edgar— ¡Te van a estafar en el camino! ¡Los vas a perder! ¡Quizás hasta te maten! ¿Quién te dijo que necesitabas ese monto? Eso se te va a acabar muy rápido. En todas partes van a querer quitarte dinero ¿Y la comida? ¿Y los imprevistos?" —decía muy angustiado su padrino.

"Yo escucho a tus agricultores cuando hablan y aprendo mucho de ellos —afirmó Alexander—. Tú vas a ver que tarde o temprano también se van a ir igual que yo. Padrino... ¡Paga más! ¡No seas tacaño!"

"¿Cómo dices? —decía Edgar soltando una inmensa carcajada—. ¡Ja, ja, ja!... ¡Este muchacho sí que es atrevido y falta de respeto caramba!"

Alexander también sonrió y le dijo: "No te preocupes, me voy con gente conocida y además mi mamá me dejó ir. En mi casa la cosa está muy difícil. Mira padrino yo sé cómo hacer. Voy a guardar muy bien ese dinero y lo defenderé con mi vida, te lo prometo."

Su padrino Edgar lo observó y le dijo: "Si la comadre Josefina te deja ir, entonces yo te ayudo. Bueno, te voy a dar los 5.000 dólares y, es más, te los voy a regalar por ser mi ahijado y haberme trabajado bastante tiempo; pero cuídate mucho, muchos pierden hasta la vida."

Edgar caminó la habitación y Alexander vio por la abertura de la puerta cómo abría una caja fuerte con una llave donde tenía su dinero.

La disuasión de Alexander surtió efecto, ya que logró que su padrino Edgar abandonara la idea de no dejarlo marchar. El joven lo miró sonriente y le dijo: "Te prometo que no te vas a arrepentir, te avisaré cuando llegue."

El padrino Edgar lo abrazó y le dio la bendición, llamó a su esposa María para que se despidiera del ahijado: "¡Aaaah María ooooh! Ven a despedir a Alexander que se va a los Estados Unidos."

"¿Quéééé? No puede ser y ¿con quién?" —decía María.

"Bueno con un conocido de Josefina me dice" —respondió Edgar.

"¡Josefina debe estar loca!" —exclamó de nuevo María. "Bueno, Alexander dice que lo va a dejar ir" —contestó Edgar.

María se acercó y le dio un beso en la mejilla: "¡Dios te lleve con bien hijo! —dijo con sentimiento—. Espérate un poquito para mandarle unas tortillas a la comadre Josefina."

El niño recibió las tortillas y se retiró con su dinero en los bolsillos, bien custodiado. Al atardecer llegó a su casa, no dijo nada para evitar más discusiones y tampoco le dio las tortillas a su mamá; sino que las guardó para él.

Durante la cena estuvo callado, jugó un rato con Roberto y se encerró en su cuarto. Tomó un morral grande que tenía Josefina y lo llenó de ropa. En un bolsillo oculto que traía el bolso, escondió el dinero, y también buscó un suéter para llevárselo en la mano. Después que se durmió todo el mundo, fue al patio trasero de su casa y lanzó el morral en un terreno baldío que estaba allí.

Esa noche Alexander no durmió, pensando: "¿Cómo haría en caso de que Bernardo junto a sus hijos Raúl y Jorge le quitaran su dinero? ¿Cómo atravesaría el peligroso desierto? ¿Qué haría en caso de que uno de los cárteles mexicanos de las drogas lo secuestrara?" Alexander sentía una emoción enorme. Sin embargo, estaba convencido de que en su país no había posibilidades de prosperar. En Guatemala, solo se pasaba trabajo y hambre.

Al día siguiente, Alexander despertó temprano como siempre, se vistió con una camisa de cuadros manga larga, un blue jeans, medias blancas y un par de zapatos deportivos nuevos. Desayunó, se colocó el suéter, e hizo ver que se iba a trabajar con su padrino Edgar a la montaña.

Dio la vuelta a la casa y agarró el morral guatemalteco de su mamá; en el cual llevaba el dinero, las tortillas y su ropa.

Alexander sabía que viajar de esa forma sería un riesgo, él ya había visto las pancartas y había escuchado los mensajes por radio y televisión, en los que el gobierno de los Estados Unidos y el de Guatemala, advertían sobre los peligros de viajar por tierra hacia los Estados Unidos.

A pesar de las advertencias, Alexander necesitaba huir de la región donde vivía, debido a que era una zona extremadamente pobre. Aunque sus vecinos trabajaban muy duro con el café, el maíz, los frijoles y otros productos que cultivaban; ganaban muy poco dinero, casi nada les quedaba para comer, debido a que el precio de los productos agrícolas siempre bajaba. Para empeorar las cosas, en la región no tenían servicio eléctrico, el gobierno local era corrupto, aceptaba sobornos del narcotráfico, que con sus bandas criminales extorsionaban a los dueños de las tierras.

La salida

Huehuetenango es un departamento amplio, ubicado a 269 kilómetros de la ciudad capital compuesto por municipios, aldeas, caseríos y fincas.

Alexander, mientras caminaba a la casa de Bernardo, pensaba en su terruño y en todos los beneficios que tenía con su padrino Edgar, donde saboreaba el sabroso café que se cultivaba al este y norte de su región, y recordaba que los días de fiesta solían comer platos típicos de exquisito sabor y sabrosos ponches elaborados con frutas.

Iba pensando que algún día él también podría vivir de esa manera. A su memoria le llegaban los recuerdos de los ricos postres que le ofrecía su padrino, cuando se celebraba algún santo o llegaba Semana Santa o Navidad.

Llegó entonces a casa de Bernardo y le dijo: "Hola amigo ¿Cómo estás?" — "Bien, estoy listo para irme" —respondió pícaramente.

"Bueno, mis dos hijos y yo salimos mañana temprano, pero en la madrugada. Me imagino que te quedarás a dormir aquí" —le dijo a Alexander.

"Sí, me traje todo" —contestó Alexander.

"¿Cuánto dinero trajiste?" —preguntó Bernardo.

"5.000 dólares que me regaló mi padrino" —contestó Alexander—, me imagino que en cada parada iremos dejando de mil en mil dólares" —decía pícaramente Alexander.

"Bueno nosotros llevamos más, porque somos tres" —contestó Bernardo.

Su compañero y amigo Bernardo salió a trabajar a la finca de Edgar y el niño Alexander pasó todo el día preocupado de que su mamá se diera cuenta que ya no estaba su ropa, y que le descubrieran todas las mentiras que había dicho para poderse ir. Almorzó con Raúl y Jorge, y se entretuvo con ellos mientras tanto, aunque muy callado y pensante.

Al atardecer, Bernardo llegó a su casa de regreso al trabajo y les dijo: Ya se hace de noche. Vamos a comer algo y nos acostamos, porque mañana bien temprano nos paramos y nos vamos.

La esposa de Bernardo sirvió la mesa y mientras comían, Bernardo le preguntó a Alexander si le había dicho a su padrino Edgar que él también se iba, y Alexander le contestó que no.

"Menos mal que no dijiste nada Alexander, porque yo cobré hoy y no dije nada que pensaba abandonar el país. Si Edgar se hubiera enterado de esto me hubieras causado un gran problema" —comentó Bernardo. Se retiraron a las habitaciones a dormir y antes de pararse de la mesa Alexander dio las gracias por la cena a toda la familia.

A la mañana siguiente salieron a tomar el autobús rumbo a Tecún Umán por su cercanía con la frontera mexicana y en su recorrido veían extasiados a lo lejos, la arqueología de Zaculeu y los rasgos coloniales de la Villa de Chiantla.

Esta zona se caracteriza por la ilegalidad de las migraciones centroamericanas a través de sus diferentes departamentos: Quiché, Huehuetenango,

Petén y San Marcos; y de allí cruzan a México para finalmente llegar a Estados Unidos.

Durante el viaje el joven Alexander se veía muy callado y melancólico. No podía dejar de pensar en lo que dejaba atrás y en la travesía que le esperaba. Sobre todo, su conciencia le atormentaba al pensar en su familia y en la forma en la que había traicionado su confianza.

Recordaba los pozos de aguas cristalinas, que surgían de las cavernas. Añoraba los parques arqueológicos y también los sitios turísticos que brindaban una experiencia inigualable que muchas personas desconocían y pensaba a su vez que su Huehuetenango tenía detalles naturales únicos que a lo mejor más nunca volvería a ver.

No se cansaba de ver por la ventana del autobus los paisajes naturales y recordaba que él sentía mucho amor por su territorio y la defensa de esos bienes naturales. Amaba los diversos colores de tonalidades verdes y marrones del paisaje y respiraba profundo.

Llegaron al Departamento de San Marco y arribaron a su destino. Pudo así ver el río Suchiate y sintió mucha alegría por estar cerca de Ciudad Hidalgo, México. La intención era atravesar de Guatemala a México pasando por la frontera de Tecún Umán que colinda con Tapachula (México).

Alexander le dijo a Bernardo: "¿Y qué vamos a hacer ahora?"

"Bueno, esta frontera se subdivide en Tecún Umán I que su fuerte es el turismo y Tecún Umán II, que se dedica al transporte pesado" —respondió Bernardo.

"¡Ajá! ¿Pero y entonces?" —insistía el muchacho.

"Pues bien, debes presentar visa mexicana, tarjeta de visitante o visa americana para pasar si eres extranjero." —continuaba respondiendo Bernardo mientras que sus hijos le prestaban mucha atención.

"¿Y el que lleva carro? ¿Cómo hace?" —preguntaba Raúl, uno de los hijos de Bernardo.

"Debes fumigar el vehículo obligatoriamente y por ello hay que pagar" —respondió Bernardo.

"¿Pero y dónde está la frontera mexicana?" —preguntaba Jorge.

"En Ciudad Hidalgo, Municipio de Hidalgo. Del otro lado se encuentran los estados de Chiapas, Tabasco y Campeche" —aclaraba Bernardo.

"Sí, pero cuando pasemos, ¿en qué ubicación estaremos?" —preguntó Alexander.

"En el este de Michoacán (estado mexicano), camino de Morelia a Guadalajara" —indicó Bernardo.

Bernardo, Raúl, Jorge y Alexander se subieron en una balsa hecha con madera y neumáticos para cruzar el río Suchiate, que marca la frontera occidental entre ambos países y no tuvieron inconvenientes debido a que podían pasar con un Documento Personal de Identificación (DPI) o pasaporte y todos cumplían con el requisito.

Afortunadamente Bernardo conocía el camino y les indicaba tanto a Alexander como a sus hijos por dónde estaban y cuánto les faltaba por llegar.

Preguntas Capítulo I

1. ¿Cuántos kilómetros existen entre Huehuetenango y la capital de Guatemala?

2. Según el tío de Alexander, ¿Cómo es el clima de Corpus Christi?

3. ¿Quién le dio a Alexander los cinco mil dólares para el viaje?

4. ¿Qué llevaba Alexander en el morral guatemalteco?

Llevaba el dinero, las tortillas y su ropa

5. ¿Qué observaba Alexander cuando iba en el autobús rumbo a Tecún Umán?

De México a Estados Unidos

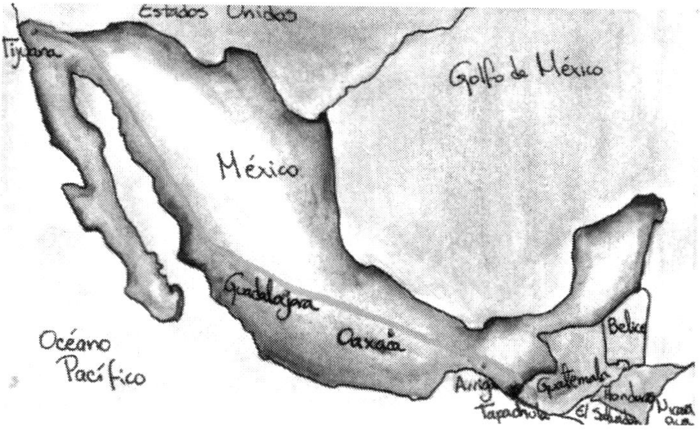

La travesía

Raúl, Jorge y Alexander confiaban en Bernardo que conocía las diversas rutas utilizadas para poder llegar a Estados Unidos. Sin embargo, tenían muchas interrogantes que querían aclarar.

"Papá...¿qué ruta vamos a seguir?" —preguntaba Jorge.

"Bueno, tenemos la alternativa del Triángulo Norte, a través del estado de Tabasco. Por allí podemos llegar a Coatzacoalcos, que se encuentra en el sur del estado de Veracruz y de allí pasamos a Medias Aguas. También podemos irnos por Chiapas, recorriendo su costa de Tapachula hasta Arriaga, para usar el Tren de la Bestia que va al norte. También puede ser por Campeche" —explicaba Bernardo.

"Allí recorreremos muchos pueblos y al llegar a Veracruz, podemos tomar la ruta de El Golfo, que va por el estado de Veracruz y Tamaulipas, y llega a Matamoros —continuaba describiendo

Bernardo—. O tomamos la ruta del Centro pasando por los estados de Veracruz, Puebla, Tlaxcala, Estado de México y Querétaro."

"Tengo entendido que allí hay una bifurcación, ¿no papá?" —decía Jorge.

"Sí hijo —responde Bernardo—, la primera pasa por San Luis Potosí, Coahuila y Nuevo León para llegar a ciudades fronterizas como Piedras Negras en Coahuila o Nuevo Laredo y Reynosa en Tamaulipas, y la segunda división pasa por Guanajuato, Aguascalientes, Zacatecas, Coahuila y Chihuahua hasta llegar a Ciudad Juárez. En la ciudad de Irapuato, Guanajuato, se desprende la ruta Occidente o del Pacífico. Vamos a tomar la ruta del Centro y su segunda bifurcación, y en Guanajuato tomaremos la ruta Occidente o del Pacífico para llegar a Tijuana" —continuaba informando Bernardo.

Bernardo sabía que había gente que podía recorrer el país rápidamente usando el Tren de la Bestia, pero también estaba al tanto de que por las lluvias se deterioraban las vías, y se podían tardar muchos meses. Además, tenía muy presente que cuando el tren iba con poca gente perdía estabilidad, lo que requería que el grupo se agrupara y se ayudaran entre ellos.

El tren La Bestia o La Devoramigrantes transporta a los centroamericanos por todo México a través de sus vías, sentados sobre su liso techo o en las puntas de sus vagones, junto con su carga de materiales y equipos.

Los centroamericanos huyen de sus países ante tanta pobreza y crímenes en la búsqueda de un cambio en su nivel de vida. Prefieren correr el riesgo de montarse en el tren de la muerte, que les da la alternativa de morir en el intento o de llegar a su meta de vivir en los Estados Unidos de América, y esto es tan real que cineastas han hecho interesantes documentales describiendo esta realidad.

Alexander, Bernardo y sus hijos, junto a los otros integrantes del grupo, conocían el riesgo que corrían como inmigrantes, pero también estaban claros que su nivel de vida mejoraría que podrían enviar dinero a sus familiares y amigos si lograban su propósito. Para ir a Arriaga debían recorrer la costa desde Tapachula para tomar el tren, pero las vías estaban dañadas debido a un huracán. Tuvieron entonces que hacer el recorrido de 270 km caminado sobre los rieles dañados del tren y evitando carreteras conocidas para no coincidir con las autoridades migratorias.

Cuando caminaban en grupo podían ver a compañeros sin un brazo o una pierna, los cuales habían perdido en otros intentos migratorios; y todos incluyendo ellos, lucían cansados y agotados. Sin embargo, tuvieron que caminar hasta alcanzar el tren del norte.

Estaban al tanto de que corrían todo riesgo y que en cualquier momento la migra los podía encontrar, o que también podían encontrarse con asaltantes que le quitaran su dinero, o que los del crimen organizado los secuestraran.

Ellos no sabían qué les esperaba. Solo cambiaban una frustración por otra, y cuando explicaban entre ellos las razones de irse a los Estados Unidos, se les veía una tristeza profunda y lágrimas en sus ojos. Estaban conscientes de que irían a un país desconocido en condición de indocumentados.

En esta oportunidad, Alexander, Bernardo y sus hijos, viajaban en el tren junto con un grupo de 700 personas, y comentaban entre ellos que habían tenido suerte, porque a veces el tren transportaba hasta 1.500 migrantes. Algunos explicaban que esto se debía a una política gubernamental mexicana tendente a la disminución de migrantes que subían a La Bestia, aunque otros señalaban que esta política solo conduciría a la proliferación de nuevas rutas de migrantes y traficantes de personas.

Muchas de las personas que iban en el grupo afirmaban que el hecho de que lograran hacer la travesía por México no implicaba que todo estaba resuelto. Algunos narraban sus éxitos y otros describían sus deportaciones.

En ese momento, un hombre mexicano que dijo ser ex-director de albergues para inmigrantes habló sobre la injusticia que él había observado con relación al pase de los migrantes a través de las fronteras. Alexander prestaba mucha atención mientras ese hombre afirmaba que la solución requería que los políticos comprendieran que la ayuda debe ser humanitaria y no represiva; sino orientada a solucionar la causa de la migración, que es la pobreza crítica que se vive en Centroamérica.

El voluntariado

Iniciaron su recorrido desde Arraiga, y al llegar a Guadalajara, una ciudad al oeste de México, los cuatro decidieron recorrer sus calles. Conocieron el sector donde se encontraban los cruceros que estaba cerca del tren, y se asombraban al ver una cantidad de migrantes sentados a lo largo de la zona en las aceras y en los rieles del tren.

En el estado de Jalisco abunda el tequila y la música mariachi, y Guadalajara es la capital. Alexander, Bernardo y sus hijos entraron a un comedor que se llama *FM4 Paso Libre*, muy cercano a la ruta del tren. Este negocio atendía a no más de 30 personas desde las ocho de la mañana y cerraba el establecimiento a las siete de la noche.

Se requería para el ingreso de los migrantes que fueran entrevistados en una pequeña sala, donde un voluntario le solicitaba su identificación y en caso de no tenerla, se les interrogaba para cerciorarse de que realmente eran extranjeros. Esto se debía a que algunos indigentes mexicanos se hacían pasar por ellos.

Al ingresar en el recinto se emocionaron, porque se encontraron con cuatro banderas, todas centroamericanas y de tonalidades azules y blancas (Guatemala, Honduras, Salvador y Nicaragua). Cada migrante distinguió la suya con orgullo y a muchos se les encogió su corazón.

La *FM4* es una institución financiada por Francia por medio de una fundación amante de los migrantes, donde se le ofrece servicio telefónico con derecho a una llamada internacional de escasos minutos.

Alexander aprovechó para ponerse en contacto con su padrino Edgar, informándole que estaba en Guadalajara. Su padrino le contestó muy ofuscado y le dijo: "Alexander, me mentiste. Tu mamá Josefina estuvo por aquí buscándote muy desesperada, porque no te encontraba. Tuve que decirle la verdad y me metí en un lío... ¡Eso no se hace!" —gritó.

Alexander palideció, porque ya lo habían descubierto y dijo a su padrino: "No te preocupes padrino, estoy con Bernardo y sus dos hijos que me acompañan. Se han portado muy bien conmigo..."

"Ese también es un irresponsable —contestó Edgar— se fue sin decirme nada. Bueno, tú verás lo que haces, me arrepiento de haberte dado el dinero ¡mentiroso!... Josefina dejó de hablarme."

Alexander le contestó: "Disculpa padrino, pero no tenía otra manera para poder venirme. Yo soy el responsable de esta situación... tarde o temprano hablaré con mi mamá, le diré que todo fue culpa mía. Bendición padrino, y disculpa todo el daño que te hice."

Los cuatro dejaron sus cosas en un ropero bajo la responsabilidad de los voluntarios del restaurante, ellos les sirvieron de comida una rica sopa de res con verduras. Luego subieron a la segunda planta, allí pudieron bañarse y lavar su ropa. Los voluntarios le proporcionaron todo lo necesario: jabón de baño, champú y jabón de lavar.

Posteriormente un fotógrafo llamado Oscar les pidió permiso para tomarles una foto. Alexander salió sonriente, los dos hijos de Bernardo —Raúl y Jorge— posaron serios y Bernardo no quiso figurar.

Junto con ellos se encontraban 26 personas más, todas tratando de hacer lo mismo... asearse para continuar su camino. Así que para todo había que esperar y hacer una larga cola. Nadie se podía atrasar en hacer sus necesidades, bañarse o lavar su ropa, porque los demás protestaban, les pedían que se apuraran. Alexander nunca había lavado su ropa, pero se fijó como los demás lo hacían y lo logró.

Más tarde estos voluntarios, que en su mayoría eran de Centroamérica, conversaron con Alexander, le contaron que en Guadalajara hay mucha discriminación con los compatriotas, que en ese pueblo el trato era peor con los extranjeros que en los Estados Unidos.

También le dijeron que un 45% de los hondureños acostumbran a pasar por el comedor junto con gente del sureste mexicano, más los nicaragüenses, salvadoreños y guatemaltecos. A su vez, le notificaron que la mayoría eran hombres (90%); pero que también habían mujeres e incluso niños y adolescentes que intentan cruzar solos como él.

El joven sonrió y le dijo: "Yo no ando solo, ando con mis amigos."

Alexander le preguntó a uno del voluntariado: "¿Cuál de las rutas es más peligrosa? ¿La ruta del Pacífico o la del Golfo?" — "Mejor es que te vayas por la ruta del Pacífico, es menos peligrosa, pero de mayor longitud. Aunque ninguna está exenta del crimen organizado y las drogas" —le aclaró el voluntario.

"Aquí en Guadalajara se debe tener cuidado con los *mexicanos sin techo*, ya que intentan hacerse pasar por inmigrantes, —explica—. Eso ha inducido a fuertes conflictos entre extranjeros y nativos. Ha habido muchos crímenes de centroamericanos" —relataba el informante.

Uno de los voluntarios le dijo: "Yo conozco los diferentes caminos, porque he pasado muchas veces por esta vía. Una vez logré ingresar a Estados

Unidos, pero fui deportado y en otras oportunidades tuve que regresar a México, de donde soy."

"Mira hijo, aquí se ve de todo: extorsiones, fugas y hasta te puedes caer del tren, morir aplastado o con amputaciones —narraba el voluntario—. A mí —continuaba diciendo— me mata el sol y cuando llueve eres feliz, porque te refresca, pero las 14 horas en tren son insoportables."

"También es duro ver cómo le quitan sus ahorros a la gente. Eso parte el alma. Los extorsionan" —decía preocupado el voluntario.

De igual manera, les contó que quienes manejan el tren también se aprovechan y los chantajean diciéndoles que no moverán la máquina si no le dan algo de dinero. Roberto, que escuchaba la conversación le dijo al voluntario: "Sí ya pasamos por eso, desde que pasamos la frontera hacia México, nos han ido quitando plata (dinero). Y lo peor es que estos mafiosos cobran unas cuotas altas en cada parada" —complementaba Roberto.

Se despidieron y salieron del restaurante, pero minutos antes de cerrar, muy meditabundos, se dirigieron al albergue de la ciudad llamado: *Personas Sin Techo*, que les fue recomendado por los mismos voluntarios.

El albergue

Al día siguiente volvieron a tomar el tren, pasaron por muchos estados y pueblos para llegar a Tijuana. Se subieron sin pagar, pero en la medida que avanzaban rumbo a su sueño americano, tenían que pagar dinero para evitar inconvenientes.

Iban en el techo y sin nada que los protegiera, a veces se rodaban y casi se caían. El sol era inclemente, pasaban hambre y no podían dormir debido a que los árboles rozaban con ellos y podían hacerlos caer del tren. Iban pendientes que los ladrones podían bajar a las personas del tren, secuestrarlos o extorsionarlos. Todo el tiempo esperaban gente inescrupulosa que se podía acercar al tren para robarles o llevárselos para matarlos o estafarlos.

San Diego-Tijuana o SanTij es el nombre que recibe toda el área metropolitana, y su parte principal se encuentra en las ciudades de Tijuana (en el estado de Baja California, México) y San Diego (en el estado de California, Estados Unidos).

Estas dos ciudades se encuentran en la región de SanSan, una megalópolis proyectada que incluye varias grandes ciudades, desde San Francisco hasta San Diego en el estado de California, en los Estados Unidos.

Esta gigantesca área binacional, es el número 21ª, entre las áreas metropolitanas más pobladas del continente americano.

Bernardo les avisó a Alexander, Raúl y Jorge que esta zona era extremadamente peligrosa, les recordó nuevamente que tenían que agruparse con más gente para poder subsistir.

Llegaron a *El Barretal*, la zona más grande de Tijuana, donde las personas acampaban, porque deseaban pasar allí algunos días. Les daba la sensación de que estaban en un barrio de Centroamérica, ya que las mujeres eran madrugadoras, se alistaban y algunas salían a trabajar llevando a sus niños a la escuela; mientras que otras se quedaban haciendo los quehaceres del hogar.

Alexander, Bernardo y sus dos hijos hablaron con el director de *El Barretal* y le solicitaron una carpa para cuatro personas. Alexander tomó su morral y dijo: "Esta noche lo uso como almohada."

Allí conocieron a Mariana, una señora de 30 años, la cual levaba a cuestas un bebé de 3 años procedente de Honduras y había llegado en caravana rumbo a su sueño americano. Ella manifestó que añoraba llegar a Estados Unidos para dejar esa angustia y ese modo de vida de migrante que ya no toleraba ni quería acostumbrarse.

Mariana les contó que ya no podían con la pobreza extrema en la que vivían en su país, y por tiempo indefinido se fueron de Centroamérica a México, y de allí a la frontera con Estados Unidos; apartándose de tanta miseria.

También les dijo Mariana, que en el camino cuando venían en caravana les contaron que el presidente Trump había dicho que los migrantes eran un peligro y que los había catalogado de entrometidos e irreverentes; afirmando que ellos querían llegar a Estados Unidos por vía de la fuerza. Los que migraban junto con ella y su persona no salieron de su asombro, ya que esas no eran las intenciones de ninguno de ellos, pero que esto indujo a la persecución.

Ella les dijo a Bernardo y su gente: "Tijuana no se preparó para el recibimiento de tantos migrantes y eso imposibilitó poder obtener su asilo rápidamente."

Esta mujer también señaló que muchos migrantes intentaron acercarse a la frontera donde permanece la valla, y fueron agredidos con gas pimienta y gas del bueno como dijo el presidente Chávez, en Venezuela.

"Entonces ¿cómo vamos a pasar? —preguntaba Alexander—. Yo necesito llegar a donde mi tío José en los Estados Unidos."

"Debes tener paciencia —le dijo Mariana—. Esto no es tan fácil, por así decírtelo."

Siguieron caminando por el albergue, quedaron maravillados de ver cómo una pareja emigrante de Honduras se estaba casando en el lugar. Observaron a su vez como los migrantes habían creado un sentimiento de comunidad en el albergue y a muchos se les notaba que no tenían ninguna intención de regresar.

Bernardo preguntó a una hondureña llamada Josefa: ¿Por qué no quería regresar? Ella le contestó que en su país no había empleos, ni empresas, ni nada. Señalando a su vez que el presidente norteamericano debería ir a los países centroamericanos para que constate personalmente esa tragedia.

"*El Barretal*, era un lugar donde cantaban y hacían teatro los artistas, pero eso lo convirtieron en un lugar de albergue para migrantes y lo bueno es que allí las carpas están perfectamente ordenadas. Muchos migrantes están alojados en esa área y otros en dieciocho refugios de Tijuana" —les contaba Josefa.

"Aquí me quedo —dijo la hondureña a Bernardo —hasta que obtenga mi asilo en suelo americano, ¡sí señor! Mientras iré a obtener mi visa humanitaria de aquí para conseguir empleo y estar con mi hijo" —comentó Josefa.

"¿Y yo podría imitar lo mismo?" —dijo Bernardo.

"Claro que sí" —contestó la señora.

"Oye, me gusta la idea, permaneceré aquí, porque cada vez es más difícil dirigirme a Estados Unidos."

Alexander escuchó lo que dijo Bernardo y le dijo a sí mismo: "La verdad que yo sí que no me quedo aquí, buscaré la forma de irme a los Estados Unidos."

"Mira —dijo la Josefa— aquí quien solicita visa se la dan. Ya han sido otorgadas alrededor de 3.000 visas a través del Instituto Nacional de Migración. ¡Pero claro! —señaló la hondureña—. También han retorando a una gran cantidad de caravaneros, si mal no recuerdo como a 1.000 individuos, aunque algunos también se devolvieron por su propia cuenta. Aquí en el albergue ya algunos han logrado que les entreguen su visa provisional, y suelen madrugar para irse a vender comida en centros de alimentos, mientras que otros se dirigen a otras faenas como al manejo de gandolas y camiones, a frisar casas o a reparar electrodomésticos" —relataba Josefa.

"Tenemos un director del refugio que siempre nos dice que a *El Barretal* han llegado no menos de tres mil personas, pero es algo que ha ido disminuyendo, porque la gente consigue casa o deciden devolverse; otros cruzaron la frontera a

Estados Unidos... Ustedes tuvieron suerte, porque ahorita hay solo mil personas, por eso les dieron albergue" —seguía narrando Josefa.

Bernardo, Alexander, Raúl y Jorge se quedaron locos cuando escucharon por los altavoces anunciando: "Buenos días compañeros, ya tienen a su disposición el transporte proporcionado por el gobierno de este país para los que deseen solicitar visas humanitarias mexicanas en una Oficina de Inmigración."

Su asombro fue mayor cuando les dijeron: "A recoger los desperdicios y a guardarlos en los contenedores de basura." Y no lo querían creer cuando todos de inmediato acataron la orden recogiendo cuanto desperdicio de basura encontraran. Se miraron sus caras y los cuatro fueron a buscar las suyas.

A Bernardo le brillaron los ojos y volteó a mirar a sus hijos y a Alexander señalándoles: "¡Vámonos con ellos!" Raúl y Jorge aceptaron, pero Alexander dijo que fueran ellos, porque él no iba.

La frontera

Bernardo y sus dos hijos se fueron en el bus mientras que Alexander se quedó en el albergue. Estando ahí pudo ver como impartían cursos de idiomas extranjeros y otros desarrollaban habilidades y destrezas con manualidades.

De una vez, Alexander preguntó: "¿Quién da clases de portugués aquí?" Y una niña que se encontraba cerca de él, de nombre María Eugenia, le respondió: "Juanita Valdez, una guatemalteca de 60 años que se ofreció como voluntaria en el refugio. Ella es maestra, le encanta hacer el bien para los demás. A mí me quiere mucho" —dijo la niña.

"Un día llegó un camión de una empresa por vía de donación nos regalaron osos de peluche y piñatas, pero después de recibirlos no queríamos entrar a clases. La maestra nos regañó por el altavoz. Ese día nuestros papás aplaudieron en respuesta al regaño y eso se debía a que no hicimos caso" —continuaba narrando María Eugenia con su encantadora voz.

"Aquí comemos divino en la mañana y en la tarde, la marina de México nos trae la comida y me encanta la pizza que me dan y otros alimentos" —explicaba la niña ansiosa.

Alexander se quedó pensativo y dijo: "Yo aquí no me quedo. Voy a ver cómo paso la frontera."

Camino al refugio vio a un señor de 50 años vendiendo comida y jugos. Alexander sabía que se llamaba Alfredo, porque siempre estaba cerca de su carpa y la gente lo llamaba por su nombre. "Buenos días, señor Alfredo ¿No?" —dijo Alexander. "Sí, a la orden" —respondió el señor Alfredo. "¿Cuánto cuesta el dulce de lechosa?" —preguntó Alexander. "1 dólar" —le contestó el señor. "Deme uno por favor" —le dijo Alexander.

"¿Dónde consigue usted estas cosas?" —preguntó Alexander. "Bueno me voy a Tijuana bien temprano y me gano unos dolaritos diarios vendiéndolos un poquito más caros, y con eso me alimento." —explicó el señor.

"Yo he fracasado en mis intentos de entrar a Estados Unidos y decidí quedarme en este lugar haciendo lo que puedo. —comentó Alfredo— Fíjate, me va bien. Revendiendo puedo ganar algo de dinero. Con eso puedo mandarle a mi familia allá en Nicaragua. Cuando estaba en mi país no lo podía hacer" —añadió.

El vendedor se quedó parado ofreciendo todo lo que vendía, llamando la atención a quien pasaba por allí.

"Aquí hay que luchar y batallar —le dijo el vendedor—. También me ocupo de limpiar en un pequeño restaurante en el centro."

"Hay que esperar la oportunidad para migrar a Estados Unidos, pero se requiere de mucho cuidado. —seguía narrándole el noble señor— Yo traté de pasar a los Estados Unidos, pero no pude."

"Yo si pienso irme" —le dijo Alexander. "Pues ten cuidado —dijo el vendedor—. Quieren construir un muro, disminuyeron la atención diaria de las solicitudes de asilo, los patrulleros están en todas partes amargándonos la vida, ¡en fin!... el gobierno de Donald Trump arrecia."

"Cuando llegué aquí, en el albergue donde estaba llegó un gentío y surgió un desorden. Proliferaron muchas enfermedades, porque vivíamos en condiciones insalubres" —seguía contando Alfredo.

"Sin embargo, muchos decían que eso era temporal y que en sus países estaban peor. Yo estaba con mi esposa y mis tres hijos, y te digo que aquí en *El Barretal* me siento mejor. Por lo menos hay piso" —narraba el vendedor.

Alexander continuó su camino saboreando su postre, más adelante se encontró con otra señora que le habían dicho que llegó de Honduras, y que ahora se dedicaba a la distribución de artículos de aseo personal y medicinas a los migrantes.

"¿Cómo se llama usted señora?" —preguntó Alexander. "Petra ¿por qué?" —respondió. "No, es que quería saber... ¿Por qué se vino de Honduras?" —preguntó Alexander. "Por lo violento de mi país.

Allá hay muchas pandillas. Me vine en una caravana dejando a mis tres hijos con mi mamá. Tenía que ayudar a mi familia —dijo Petra—. ¡Pero pienso pasar de alguna manera a Estados Unidos!"

"¿Cómo piensa pasar?" —le preguntó Alexander. "Bueno hay muchas maneras… uno se puede esconder en un camión, pero eso sí, por lo regular van muchos migrantes indocumentados procedentes de Centroamérica en condiciones deplorables, sin ventilación, ni agua, ni comida. Generalmente la gente se asfixia. Las altas temperaturas hacen que no se pueda resistir, muchos de los niños se desmayan o mueren dentro del camión. También está el crimen organizado; pero tendrías que involucrarte con ellos para pasar" —contaba Petra.

"De aquí podemos pasar. Lo que tenemos es que esperar el momento preciso. Aquí tenemos menos muro fronterizo" —le informó la hondureña.

"Conozco una persona que tenía unos familiares en Estados Unidos, ellos le iban a pagar a un coyote en Tijuana, pero en el paso fronterizo lo atrapó *la migra* a él solo y lo deportaron de nuevo. Estaba tan triste que una señora lo notó y le compró algo de comida. Una semana más tarde volvió a conseguir el contacto para pasar y esta vez sí lo logró; sus familiares pensaban que había muerto, pero no fue así. ¿Qué te parece?" —preguntaba Petra.

"Otro conocido cruzó a Estados Unidos por desiertos, montañas, ríos... y en ese camino me contó que vio de todo: Tumbas, ropa de mujer tirada, huesos de personas. En fin, esa vía no te la recomiendo, porque es un vivo retrato de que domina el hampa y matan gente. ¿Qué te parece?" —volvió a preguntar la señora—. Al final terminó deportado, porque chocó y lo descubrieron". —"Bueno muy interesante tu relato, pero yo pienso irme" —dijo Alexander y continuó caminando.

En el atardecer regresaron Bernardo y sus hijos muy contentos, porque pudieron solicitar sus visas humanitarias, mientras tanto buscarían que hacer en Tijuana.

Al día siguiente Alexander salió a recorrer la ciudad sin sus acompañantes, allí le ofrecieron junto con otros niños, pasar la frontera como polleros, por un monto de 200 dólares por vuelta. Dudó al principio, pero al final no aceptó. Los otros niños le contaron que todos los días hacían esa tarea yendo y viniendo, transportando mercancía delictiva todo el día hacia los Estados Unidos.

Alexander preguntó: "Pero ¿cómo hacen para ir y venir?" "Bueno nos escondemos en un camión, pero a veces nos deshidratamos" —contestó uno de los niños.

Preguntas Capítulo II

1. ¿Cuál es el nombre del tren utilizado para ir hacia el norte de México?

2. ¿Qué ofrece la institución FM4 a los migrantes?

3. ¿Qué era El Barretal antes de convertirse en un albergue para migrantes?

4. ¿Quiénes fueron a la Oficina de Inmigración a solicitar las visas humanitarias mexicanas?

5. ¿Cuáles era las actividades de Juanita Valdéz?

De Estados Unidos a Guatemala

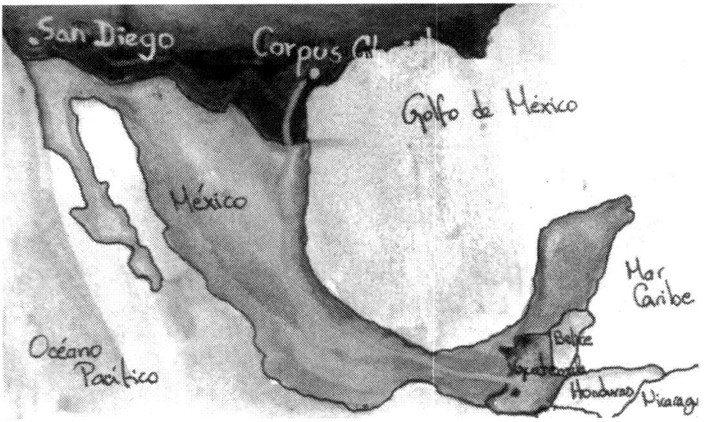

La llegada

Estados Unidos limita por el sur con México y el Golfo de México, por el este con el Océano Atlántico y por el oeste con el océano Pacífico.

La más amplia frontera de México es la que comparte con Estados Unidos, con una longitud de 3.326 km lineales. La frontera, en su mayoría, delimita con el río Bravo, que también es el más largo del país.

Alexander había hecho amistad con mucha gente, preguntando sin cesar cómo cruzar la frontera. Él sabía que la única manera de llegar a Estados Unidos de América era consiguiendo a alguien que lo pasara, porque la otra opción era adentrarse en la vegetación, una alternativa que le causaba pavor; o por vía aérea, con el puente CBX (Cross Border Xpress), pero implicaba mucho dinero, además de que necesitaba documentos legales.

Tijuana estaba sofocante, ocultaba muchos peligros, sus cañones eran muy difíciles de atravesar, porque era una zona netamente rural.

Había muchos controles, dos garitas: la de Otay y San Ysidro, donde se podía pasar hasta 10 o 12 horas esperando.

Había llegado el momento de pasar a Estados Unidos y aquí las cartas estaban echadas. Quien tuviera sus papeles podía pasar y regresar si quisieran, pero la mayoría no cumplía con los requisitos. Era como atravesar un campo minado en San Diego, ya que la vigilancia era tremenda y aumentaba aún más cerca de San Isidro.

Había un total de 24 carriles y los vehículos debían seleccionar uno de ellos para pasar, aunque para los buses con pasajeros el procedimiento era diferente ya que las autoridades les indicaban cual carril debían tomar.

Alexander se dio cuenta que la situación era más complicada los sábados y domingos, por las largas filas de carros que se presentaban, y tenía que buscar la manera de pasar sin inconvenientes ayudado por Dios y la Virgen.

Junto a un grupo de gente Alexander se acercó al personal de la Border Patrol en territorio mexicano, y preguntaron: "¿Cuáles son los requisitos para pasar?" Y el guardia les contestó: "¿Tienen pasaporte, o ID legal? ¿Ustedes no deben tener licencia de conducir, o sí? ¿Trajeron su acta de nacimiento?"

"¿Qué compraron en México?" —preguntó el guardia. "No, nada, señor" —contestó Alexander. "Bueno, lo que hayan comprado lo tienen que declarar —explica el guardia—, y algunas medicinas, alimentos y utensilios cortantes no se permiten. ¡Ah! y los licores pueden pasarla una vez al mes. De igual manera cualquier objeto muy costoso tienen que justificarlo."

Alexander regresó a su refugio. En el trayecto le contaron que hace dos años una hondureña de 18 años trató de irse junto a sus familiares a Estados Unidos y que a los pobres no les habían otorgado la visa, porque es su país solo se la daban a los ricos. Finalmente, esta joven logró entrar pagando unos 16 mil dólares con un golpe de suerte.

Un hombre de más de sesenta años, natural de Guatemala, les contó que una vez lograron pasar la frontera, pero fueron descubiertos por agentes de migración y tuvieron que entregarse. A él, a su mujer y a sus tres hijos los trasladaron a un lugar llamado *La perrera*, donde recluían a los indocumentados. Además de que lo dejaron solo, apartado de sus familiares, también lo despojaron de todo aquello sospechoso que pudiera servir para huir o quitarse la vida. Lo mandaron a asearse, lo alimentaron y finalmente lo dejaron arrestado. Una vez que indagaron la razón por la que quería ingresar a los Estados Unidos, lo liberaron; pero con un brazalete en el pie para chequear sus movimientos.

Alexander también se enteró de la historia de un señor salvadoreño que estuvo encerrado cinco meses. No lo dejaron entrar por ser mayor de edad, y tristemente lo devolvieron a su país y le dijeron que no regresara, porque le iban a hacer la vida imposible.

Después de estos testimonios Alexander tenía que tomar una rápida decisión debido a que su dinero se acababa.

Al día siguiente se fue a buscar un camionero que le habían recomendado, llamado Hugo. Alexander le preguntó si podía hacerle el favor de cruzarlo, él le dijo que sí podía pasarlo clandestinamente, pero que el costo era de 1.500 dólares. Ese monto era exactamente con lo que contaba Alexander y no le quedó de otra que aceptar pagárselo. El camionero le advirtió que los riesgos ya serían por cuanta suya.

Lo llevaron a un camión de carga, entre dos personas lo envolvieron como una momia, lo colocaron en el fondo del cajón del camión y luego llenaron de mercancía todo el compartimiento. El chofer le dijo: "Tienes que aguantar, vas a pasar mucho calor."

Él solo pensaba… "*Cuando llegue a casa de mi tío José voy a estudiar, ya después voy a trabajar para ganar dinero.*" Lo repetía una y otra vez en español y en idioma maya-chuj. Estaba feliz de poder llegar a Estados Unidos, estudiar y superarse. Soñaba con juntar dinero para enviarle a su mamá, y mejorar su humilde casa, al igual que lo hacían los que recibían remesas en Guatemala.

Hugo le contó, mientras organizaba la carga y antes de meterlo en el camión que las autoridades estadounidenses no querían extranjeros y que solían separar a los niños de sus familiares, aunque eso lo había rechazado el Departamento de Seguridad Interna (DHS). "Ellos dicen —según afirmaba Hugo— que los niños son separados solo cuando se contrabandean y que eso tiene respaldo legal."

Emprendieron su viaje, llegaron a uno de los canales para pasar a San Diego (Estados Unidos), pero tuvieron que esperar bastante.

Alexander ya no aguantaba el sofoco por lo que le

tocó al camionero y le dijo que se iba a desmayar, a lo que él le contestó: "Tienes que resistir, porque en este momento no puedo sacar la mercancía para sacarte."

Cuando tocó el turno del camionero, afortunadamente tenía todos sus papeles en regla y como había mucha gente en espera lo dejaron pasar.

Una vez que recorrieron un largo trecho desde San Diego, que es una ciudad ubicada en el Condado de San Diego, California; llegaron a un galpón de la empresa de Hugo, cerraron su puerta para descargar la mercancía que dejarían allí, movieron todas las cajas para sacar a Alexander, quitaron el manto rápidamente; pero lo encontraron desmayado por deshidratación. Inmediatamente Hugo le dio unas palmadas en la cara, cuando abrió los ojos, le suministraron agua, banana y una mandarina para que se recuperara.

Al recuperar el sentido, Alexander sufrió un episodio de paranoia, taquicardia, depresión, alucinaciones y estrés; los médicos lo llaman: "Trastorno de estrés postraumático". Se trata de los típicos síntomas que suelen padecer los inmigrantes indocumentados al llegar a su destino y sentir un miedo irracional e incontrolable a ser deportados. Los síntomas suelen ser tan graves que durante algún tiempo no se atreven a salir de sus hogares, no van a trabajar, ni a la escuela, ya que sienten mucho temor de que las redadas de migración puedan aparecer en cualquier momento.

Cerca de allí se encontraba una estación de gasolina, Hugo le dijo a Alexander que en ese lugar podía pedirle a alguien que lo llevara a Corpus Christi, Texas. En efecto, en el restaurante de la estación de servicio consiguió un aventón como acompañante en una gandola de gas; entonces, emprendieron el largo viaje, teniendo que seguir la vía línea recta, donde recorrerían muchos kilómetros, y en la que tardarían unas cuantas horas en llegar.

Al llegar a la ciudad destino llamó a su tío José, quien lo fue a buscar de inmediato y de allí lo trasladaron al Driscoll Children's Hospital para que fuera atendido, ya que estaba extremadamente delgado, quemado por el sol y desnutrido. Tres días estuvo en recuperación y luego lo trasladaron a la casa del tío José.

A la semana siguiente el tío José le dijo que tenía que comenzar a trabajar, porque para entrar a estudiar tenía que tener papeles y él estaba indocumentado.

Alexander estuvo muy triste al recibir la noticia, por los momentos no estaba en sus planes trabajar, sin embargo, le dijo a su tío que comenzaría a buscar trabajo.

La explotación

El incremento de niños viajando solos ha ido aumentando desde el 2014. El hecho de que no estén acompañados se presta para que abusen de ellos y les violen sus derechos de manera continua y permanente.

Debido a la carencia de documentación y al hecho de andar sin familia, se complica aún más la situación, ya que no pueden ser reubicados por las organizaciones de tutelaje y de protección jurídica.

Sin embargo, Alexander todavía tenía fuerza y voluntad, fue en búsqueda de trabajo en una constructora, la cual lo aceptó pagándole una miseria.

De camino a casa de su tío José, Alexander lloró mucho. Cuando llegó se desahogó, y su tío le contestó: "Te lo dije sobrino que esto iba a ser así. Ahora prepárate y mentalízate para recibir todo tipo de atropellos."

Alexander le preguntó a José si podía llamar a su mamá Josefina, y por supuesto él le dijo que sí.

"¡Aló mamá! ¿Cómo estás? Ya estoy aquí en casa de mi tío. La casa es de dos habitaciones, en una está mi tío José con su esposa María Flor, en la otra mis dos primos Gabriel y Nana; así que estoy durmiendo en la sala por los momentos, sobre un sofá que está allí. En la constructora me van a dejar dormir, sin comodidades, pero bueno. Por lo menos puedo estar allí. Te cuento que pasé inconvenientes, pero lo importante es que estoy bien. ¡Ya conseguí trabajo mamá! Así que vamos a ver cómo me va." —contaba Alexander.

"Aló, mamá. ¿Me oyes?"... —pregunta Alexander. "Si hijo te escucho —responde Josefina—, lo que pasa es que estoy muy molesta contigo... No sabes cuánto he sufrido con esta situación. Pero bueno. Ya que estás allá trata de superarte y ve cómo puedes ayudarnos".

La mamá le preguntó a Roberto, su otro hijo: "Tu hermano quiere hablar contigo ¿Te lo pasó?" — "Sí mamá" —contestó Roberto.

"¡Hola Roberto! ¿Cómo estás?" —saludó Alexander. "¡Bien!" —apenas contestó Roberto. "Te voy a mandar dinero para que mamá te compre juguetes —dijo Alexander—. Mañana comienzo a trabajar ¿Me oíste?". — "Sí". —Volvió a contestar.

Debido a que Roberto hablaba muy poco, Alexander le dijo: "Bueno Roberto, pásale el teléfono a mamá". Josefina de nuevo toma el teléfono y le dice a Alexander: "¡No te preocupes por nosotros hijo, estamos bien! Prueba a ver cómo te va y después vemos." — "Está bien mamá, saludos a Pedro" le dijo su hijo. "¡Ay hijo! ¡Ese cada día está peor!" —dijo Josefina. Alexander y Josefina dieron por terminada la llamada.

Al día siguiente Alexander vestía ropa prestada de su primo Gabriel, se apareció en el trabajo y le ordenaron que cortara madera con una sierra eléctrica.

Un día más tarde no aguantaba los dolores musculares, ni las ampollas que le salieron en sus manos, aún así, siguió trabajando con unos guantes que le dieron en la empresa.

En horas del almuerzo Alexander se sentó con otro compañero guatemalteco que se llamaba Manuel, él le comentó que tuviera cuidado, porque lo podían deportar. Le dijo que niños y adolescentes jóvenes como ellos estaban siendo separados de sus padres como medida disuasoria, que él tenía a sus padres también en Corpus Christi, lo que le causaba gran miedo por esto.

"Me contaron —decía el guatemalteco— que en una antigua tienda, en el extremo sur de Texas, se escuchan los ruidos de las voces y los juegos de cientos de niños. Aquí el que no tenga los documentos lo persiguen agentes de migración —afirmaba Manuel enrojecido.

Este amigo le contaba largas historias, decía que él los fines de semana se iba a la biblioteca, y leía mucho sobre la explotación laboral, porque se sentía utilizado. Alexander lo oía con mucho detenimiento y pensó: "*Este muchacho está preparado y sabe bastante.*"

Manuel también le decía: "Aquí se necesitan muchas personas para trabajar en este país, porque la demanda de mano de obra es interminable para mantener esta economía. Tanto México como Centro América somos los que les hemos salvado a esta sociedad capitalista" —explicaba con énfasis el guatemalteco.

Alexander lo miraba, pero no entendía muy bien algunas cosas que decía, pero aun así lo seguía escuchando.

"De hecho, hace tiempo atrás hasta hoy en día, millones de trabajadores mexicanos y centroamericanos sin documentos migratorios, trabajamos con esta gente que nos explotan, no nos pagan las prestaciones laborales de ley, ni nuestros derechos sociales" —continuaba diciendo Manuel con tono recio.

"¿En serio? - ¿Pero bueno… no era que aquí se ganaba bastante?" —preguntaba Alexander. "Sí, pero para poder hacer dinero cuesta mucho, por lo poco que nos pagan —le explicaba Manuel—. "Lo que pasa es que la mayoría está insolvente en todas las actividades que se realizan en este país."

"Tengo un amigo mexicano que construye casas y edificios como nosotros, y muchos otros que se dedican al cultivo de hortalizas y trabajan como burros. Ah... ¿Pero qué sucede? ¡Se le paga sueldo mínimo! ¿Y cómo se supera uno así? —continuaba diciendo este joven enfurecido.

Alexander lo miraba sorprendido y le dijo: "Mi tío José como que tenía razón, él procesa y empaca carne por horas y horas; pero tampoco le es suficiente. Su mujer limpia un restaurante y sirve las mesas, pero tampoco le alcanza con todo y propina. Yo veo que tienen alquilada una casa modesta, pero hasta allí. Yo quería trabajar vendiendo ropa en una tienda, pero que va. Eran muchas horas que tenía que permanecer allí."

"Nosotros venimos con la idea de que en Guatemala lo que más da es la construcción, por eso estoy aquí, pero aquí como que es la misma cosa" —decía Alexander.

"Los migrantes hacemos lo que al americano no le gusta hacer. Nos dedicamos al trabajo fuerte y muy poco remunerado, para que ellos vivan dignamente —reafirmaba Manuel—. Este mundo si es injusto amigo. Nosotros somos los que hacemos lo que a los americanos no les gusta hacer y nos pagan una miseria" —continuaba hablando el guatemalteco.

"Así es amigo Alexander. Yo salí de mi país, porque no tenía nada. Pero aquí nos matamos como bestias y seguimos en lo mismo, seguimos igual" —decía el amigo.

El joven se quedó mirando a su compañero con tristeza y le dijo: "Entonces el dinero que nos quitan a los trabajadores migrantes va a parar a los empleadores y propietarios" —comentó Alexander.

"Así es —le contestó su amigo— los migrantes somos los trabajadores ideales para sacarnos el jugo, y sin embargo los empresarios e industriales se llenan los bolsillos."

“Qué vida tan triste esta la del emigrante, aparte de que nos tienen rabia, tampoco las políticas, leyes y normativas nos favorecen” —afirmaba Manuel con énfasis—. Los dueños de empresa saben que somos nosotros quienes los hacemos ricos, pero no lo reconocen.”

“Y de paso pagamos todos los patos. Según ellos, nosotros somos los responsables de todo y no es así. Ellos también tienen problemas muy serios con su gente, por ejemplo, la droga. Pero pienso que eso no es así, se trata de una visión infundada. El mexicano trabaja por una miseria y eso les sucede por estar ilegales —continuaba hablando el guatemalteco en tono muy alto— pero son gente buena.”

“Entonces los migrantes son los *malos de la partida.* Por necesidad aguantan tanto maltrato y en el fondo lo que hacen es aportarle a la economía. Pero qué ingratitud” —decía Alexander.

“Pues sí. Despotrican de nosotros, pero a la vez nos necesitan, ¿qué te parece? Esto solo se trata de racismo y de una xenofobia sin sentido" —reafirmaba Manuel.

Alexander lo miró fijamente y pensó: "Entones, yo también seré víctima de esta situación en el sector de la construcción. Seguro que no me reconocerán nada cuando me vaya."

Este muchacho que había llegado de manera irregular al país, laboraba hasta 12 horas todos los días, sin descanso, dormía hacinado y recibía alimentos en mal estado o en muy pocas cantidades.

La repatriación

Alexander continuó trabajando por tres meses con la contratista, aunque se sentía decepcionado. Aparte de su agotamiento y decepción por los abusos en su trabajo, le atormentaba el discurso de Trump y su administración, que cada vez más enfilaba las baterías en contra de los indocumentados.

Al escuchar las políticas gubernamentales se daba cuenta de que había como un interés por parte del gobierno en incentivar a que los dueños de las empresas e industrias pagaran poco a los emigrantes y los sometieran a explotación permanente.

Un día escuchó con mucha atención un relato de algo que aconteció en California, Estados Unidos; donde los dueños de una empresa le quitaron sus documentos a un grupo de trabajadores con visa de trabajo temporal y fueron estafados en el trabajo que realizaban debido a que les cancelaron una cantidad menor de lo que les habían ofrecido.

También se enteró que más adelante el propietario fue privado de libertad por estafa y aprovechamiento de indocumentados; pero que al final se salió con la suya ya que en su defensa argumentó que él les había quitados sus documentos aduanales para protegérselos.

Este joven había leído que California, desde hace tiempo atrás, se había caracterizado por tener múltiples denuncias por abusos laborales y que progresivamente estas cifras habían ido aumentando de forma drástica.

Para Alexander, su mayor preocupación era que California, Georgia, Florida, Nueva York y Texas, eran los estados con mayores acusaciones por estafas laborales y le preocupaba especialmente el caso de Los Ángeles, donde a los trabajadores se le retenían dólares semanalmente sin causa alguna, y que ellos no decían nada por temor.

Él y el resto de sus compañeros también sentían la necesidad de denunciar las irregularidades que ocurrían en su empresa, pero a muchos les daba temor y se mantenían en silencio.

El fin de semana Alexander fue a visitar a su tío, le comentó todo lo que había escuchado, él le dijo que su esposa María Flor trabajaba como empleada doméstica en un restaurante y que también le hacían cosas indebidas, debido a que se aprovechaban de que este sector no gozaba de representación gremial y hacían con ellas lo que les viniera en gana.

"Eso es muy común aquí hijo, yo te lo dije cuando me llamaste ¿te acuerdas? En el Condado de San Diego entrevistaron a mucha gente de habla hispana y los resultados de esa investigación arrojaron que muchos de los entrevistados han sido víctimas de estafa laboral... Si mal no recuerdo un 30%" —describía José.

José también le dijo: "Bueno sobrino... los trabajadores tienen que manifestar lo que le está sucediendo, hay que convencer a la gente de que la denuncia es necesaria y que los casos tienen que ser conocidos ante las autoridades pertinentes, como los órganos encargados de la problemática de los migrantes y las autoridades regionales y nacionales."

"Alexander ¿tú sabías que si tú quieres hacer una denuncia estás en tu derecho de hacerlo? Obtienes el número de teléfono, el cual permanentemente está activo y llamas. Lo que pasa es que hay mucho temor y mientras las cosas sigan así, continuarán los abusos —explicaba José—. Las víctimas se atienden muy bien y les dan de todo, no lo vas a creer. Les dan vivienda, les ponen a la orden abogados, le dan medios para movilizarse y hasta comida" —afirmaba molesto José.

"Así es tío" —decía Alexander. "Hay que inducir a la gente a protestar —consideró José—. Explotar a la gente debe tener un castigo."

A la semana siguiente Alexander fue a la empresa donde trabajaba, habló con sus compañeros de trabajo y les contó todo lo que le había conversado su tío José.

Uno de sus compañeros le dijo: "Bueno, yo conozco la organización *Polaris* que defiende a los migrantes" — "¿Y cómo es eso?" —preguntó Alexander interesado. "Es una organización que presta ayuda a los inmigrantes indocumentados y se ocupa de cualquier irregularidad que denunciamos los que trabajamos en la construcción, en la minería y en la agricultura. También ayudan a la gente que trabaja con la limpieza, entre varios trabajos más" —respondió.

El trabajador y compañero de Alexander le afirmó: "Mira muchacho, son muchísimas las profesiones cotidianas que han sido víctimas de esa situación. Eso es lo que se denomina *la esclavitud de los nuevos tiempos* y eso se manifiesta en campesinos, mesoneros, cocineros, agricultores, en fin... en todo aquel tipo de trabajo que ejerce el migrante, porque el gringo (norteamericano) no lo quiere hacer."

"¡Ahhhh! ¿Pero quién se lleva los reales (dinero)? ¿No son los propietarios, los dueños y quienes administran esos negocios? —afirmaba el compañero—. Yo sé cómo reportar estas irregularidades con solo llamar por teléfono. Marcas y reportas. ¡Hummm! Pero corremos el riesgo de perder nuestro trabajo si los dueños se enteran." —decía con énfasis el muchacho trabajador.

"Nosotros estamos en desventaja. Legales o irregulares no escapamos de ser mal vistos como extranjeros. Primero pagamos para entrar a este país y luego nos explotan cuando nos desempeñamos en el trabajo" —seguía manifestando el informante.

"Te cuento que la mayor explotación está en agricultura y ganadería, luego le sigue el servicio doméstico, continúan los restaurantes y salones de belleza. Allí en su mayoría son extranjeros, vienen a ser los más perjudicados" —continuaba diciendo.

"A mí me dijeron que quienes dirigen a la organización *Polares,* señalaron en una entrevista que los traficantes de gente manipulan a los migrantes y los engañan diciéndoles que una vez que pasen la frontera tendrán trabajos, y cuando los extranjeros llegan todo es mentira" —aclaraba el informante.

Otro trabajador intervino emocionado diciendo: "Sí, eso es así Alexander, existen miles y miles de denuncias entre ellas que los dueños de negocios se aprovechan del migrante indocumentado o con visa que no sabe inglés y abusan de él. Allí se encuentran entre otros sectores el de la construcción, donde estamos nosotros".

Además, le dijo: "Para ser más concretos, en la construcción es uno de los sectores más afectados y allí convergen mayoritariamente gente de todo Centroamérica. Todo eso es público, se encuentra en las redes —comentaba el amigo—. El sector construcción ha sido explotado por industriales, comerciantes y hasta por organizaciones de carácter religioso que se aprovechan de su nobleza. ¡Así como lo oyes!"

"Lo que tenemos que hacer es realizar la denuncia, no nos dejemos explotar. Exijamos nuestros derechos, hagamos lo que hagamos ellos abusan de nosotros, esta situación es muy crítica en este país —continuaba diciendo—, se requiere que se apliquen las leyes y se respete al migrante legal e ilegal."

Alexander, se empecinó en decir que hablaría con su jefe para decirle esto, pero el resto de los compañeros le dijeron que no, porque no querían tener problemas.

Alexander como era tan terco se atrevió a ir a hablar con el jefe, que al momento le dijo que estaba despedido y que de inmediato lo iba a reportar como menor sin papeles.

Les contó a sus compañeros y todos le dijeron: "¡Te lo dijimos!" Se fue donde su tío para explicarle lo que pasaba y a la mañana siguiente lo fue a buscar un ente del gobierno en una camioneta: se trataba del Servicio de Ciudadanía e Inmigración de los Estados Unidos (U.S. Citizenship and Immigration Services, USCIS).

El niño migrante se despidió de su tío José, María Flor, Gabriel y Nana, dándole las gracias por haberle dado alojamiento. Los agentes de inmigración acompañaron a Alexander hasta la frontera de Estados Unidos con México, y al cruzar la frontera, las autoridades mexicanas lo detuvieron. Y de inmediato lo llevaron a una estación de policía cercana.

Todas las familias y niños menores que iban solos conversaban entre ellos y la mayoría sentían mucho miedo de regresar a su país, porque podrían ser víctimas de la violencia y también ser perseguidos por la justicia ya que tenían antecedentes penales.

Por medio del Consulado Mexicano coordinaron su traslado a Guatemala y posteriormente lograron localizar a sus padres.

El reencuentro

Alexander llegó a Guatemala a través del plan *retorno seguro*, proyecto que emerge del interés conjunto de los presidentes de Honduras y Guatemala para el logro del retorno de la caravana de migrantes. Este joven ingresó a Guatemala junto con un aproximado de 5.000 individuos más, de los cuales casi la mitad siguió hasta territorio hondureño.

El interés de este proyecto para ambos presidentes se centraba en que había que satisfacer las necesidades del migrante y que no era bueno aprovecharse de esta situación para sacar beneficios políticos. Así que coordinaron con la subsecretaria de Estado para asuntos del hemisferio occidental de Estados Unidos, para que indistintamente en la frontera en donde se encontraran, de Honduras a Estados Unidos, el migrante contara con ayuda humanitaria necesaria para asegurar su regreso, fuera por tierra o por avión.

El joven preguntó al salir del retén: "Buenos días. Necesito saber ¿por cuál vía me toca retornar?" —

"A usted le toca por vía terrestre" —respondió el guardia. "¿Y esto a qué se debe?" —continuó preguntando Alexander. "A un plan acordado por los presidentes de Honduras y Guatemala —dijo el guardia—. Este plan requiere de tu solidaridad, porque te van a llevar de vuelta a tu país custodiándote para que llegues en buen estado."

El joven pensó en ese instante: "Bueno, no siempre somos los centroamericanos los que migramos." Alexander continuó su camino con el resto del grupo y más adelante se enteró que junto con él iban muchísimos guatemaltecos más y le dijo a un compañero: "¿Esto es para nosotros los centroamericanos nada más? Porque en el trayecto de venida a Estados Unidos conocí otros compañeros que venían del continente africano, de Suramérica e inclusive de las islas del caribe."

Alexander continuó caminando. y no podía creer la cantidad de personas que iban con él de regreso a sus patrias con esa idea del presidente nicaragüense y del suyo.

Al llegar a Guatemala vieron un puesto de la Coordinación Nacional para la Reducción de Desastres de Guatemala y se acercaron para buscar información. Alexander preguntó: "¿Dónde quedan los centros de emergencia?"

El funcionario le dijo: "En Ciudad de Guatemala, Escuintla, Zacapa, Quetzaltenango y Izabal."

Alexander llegó a su país, seleccionó el centro que quedaba más cerca del lugar donde se encontraban sus familiares y el gobierno de Guatemala se encargó de localizar a Josefina y a Pedro para que lo fueran a buscar.

Abrazó a su madre cuando la vio y lloró junto a ella, le dijo que no vale la pena vivir ilegal en los Estados Unidos, que las personas no debían promover este tipo de emigración. Le pidió perdón y le dijo que seguiría trabajando con su padrino, si era que lo recibía, para poder ayudarlos.

Al llegar a su hogar a Alexander se le presentó un gran conflicto después de su retorno, y era que se sentía con competencias nuevas adquiridas en

Estados Unidos, tanto en agricultura como en construcción; sin embargo, desconocía cómo ingresar social y laboralmente en el mercado de trabajo. Hasta que se enteró que existía un *programa de Emprendimientos para Migrantes de Retorno en Guatemala,* encargado de brindar ayuda a personas como él en el emprendimiento de negocios que le generaran ingresos y contribuyeran al desarrollo del país.

Este joven acudió al lugar y preguntó: "¿Me podrían explicar cómo es el mecanismo para yo conseguir empleo?" — "Este programa es realizado por *Guate te Incluye,* el cual cuenta con la ayuda del Ministerio de Economía en temas de desarrollo y emprendimiento para pequeñas empresas. Este trabaja en conjunto con la Asociación de Emprendedores de Guatemala" —respondió el encargado.

"¿O sea que yo puedo participar en él?" —continuó indagando Alexander. "¡Claro! —respondió el empleado— Nosotros te vamos a estimular y te daremos las herramientas para que puedas planificar la creación de tu negocio. Si tú sabes de transporte, construcción, agricultura, fabricación de calzado, textiles, comercio, salón de belleza, hospedaje, restaurantes, panadería o farmacias; quedarás seleccionado entre 20 empresarios migrantes que vamos a escoger."

A Alexander le brillaron los ojos, su emoción fue tanta que saltó de alegría. Y preguntó: "¿Y cómo debo hacer?" — "Debes venir cuando te convoquemos y evaluarán tus competencias —respondió el asistente—. Participarás en los eventos comerciales que seleccione el Ministerio de Economía y te asignarán un capital semilla si quedas dentro de las 10 empresas seleccionadas. Además, el programa incluye mentoría, o sea, que te asesorará una persona más experimentada o con mayor conocimiento que tú, induciéndote, formándote y capacitándote técnicamente."

El joven rebelde introdujo oportunamente su proyecto empresarial, asesorado por su padrino Edgar quien le dio parte de sus tierras para que pudiese realizar su proyecto. Él quedó agradecido con este gremio, porque lo logró incluir en el mercado laboral y lo ayudó al establecimiento de las relaciones sociales necesarias para lograr su éxito.

Además, se sentía muy seguro con el respaldo y asesoramiento que recibía de esta entidad, la cual había sido creada debido a la deportación anual de 100.000 personas como él y se consideraba privilegiado, porque no todos habían tenido su suerte de ser insertados en la sociedad con trabajo. Estaba consciente que *Guate te Incluye* tenía áreas de interinfluencia con la sociedad civil, con las instituciones públicas y con el sector privado y eso era lo que necesitaba.

Alexander aprovechó esta oportunidad satisfactoriamente, y le fue otorgado financiamiento para que desarrollara en su parcela el cultivo del café. Hoy día es un empresario joven y emprendedor que ayuda a su familia. Muy a menudo le da gracias a Dios de que se haya creado un programa como este, que recibía guatemaltecos retornados por las políticas anti migratorias de

Trump, aprovechando las habilidades y destrezas obtenidas en ese país desarrollado para ser aplicadas en su país natal y lograr su desarrollo.

La prospectiva

Para nadie es un secreto el atractivo de Estados Unidos para migrar en la búsqueda de un mejor nivel de vida, para obtener una buena educación o conseguir nuevas oportunidades y el ciudadano guatemalteco sabe que existen normas y procedimientos tanto para refugiados como para inmigrantes, a fin de establecerse en este país.

Sin embargo, Guatemala aspira el regreso de su gente, ya que su economía ha mejorado con esta situación, y su interés se centra en que ese retorno se realice no solo a su país sino a toda Centroamérica. Son de los que piensan que a esos grupos de retorno se le debe dar la posibilidad de legalizarse y, además, la opción de que puedan desarrollarse indistintamente de su nacionalidad si desean permanecer en su país.

Tras varios intentos, Guatemala inicia un nuevo proceso para su desarrollo. Un proceso mejor que toma en cuenta que los ciudadanos que retornan a ese país, ya no quieren vivir como lo hacían antes de emigrar. Ahora, con sus nuevas experiencias, la mayoría de ellos quiere superarse y prosperar.

Los migrantes guatemaltecos que regresaron a su país, quieren construir una nueva vida, una vida mejor para ellos y sus familias. Todos anhelan una prosperidad económica viable, que sea culturalmente satisfactoria a fin de aprovechar los nuevos conocimientos, habilidades y manejo de la tecnología que aprendieron durante el tiempo que pasaron en los Estados Unidos. Estos nuevos conocimientos, combinados con los conocimientos y experiencias de su vida anterior en Guatemala, los están llevando al éxito.

Dentro de la población que ha retornado de nuevo a su país, se ha producido un cambio favorecedor: se trata de la combinación de su cultura tradicional con lo que han aprendido en los Estados Unidos, introduciendo innovaciones, habilidades, destrezas y tecnología de punta; lo que les ha inducido a una vida mejor.

Las políticas guatemaltecas tienden a inducir en el

ciudadano valores hacia su estabilidad y seguridad. Ello es debido a que este pueblo por lo regular ha pasado por procesos traumáticos, donde se encuentra la pobreza crítica, la persecución y la explotación. La intención es cambiar dentro del propio territorio nacional.

Para el logro de tales objetivos este país se ha fortalecido con la ayuda extranjera y ha aunado esfuerzos desde adentro, mejorando así la calidad de vida y siendo un ejemplo para otras naciones.

Entre las ideas innovadoras que se han convertido en una realidad este país es su afiliación con Honduras en la elaboración de proyectos de contingencia para frenar la migración hacia los Estados Unidos.

Guatemala es un país extremadamente complejo y contradictorio; por eso sus líderes y ciudadanos deben encontrar vías de solución para lograr su meta de poder vivir y prosperar sin destruir el ambiente, conservar sus costumbres, razas y lograr la estabilidad económica y social de todos sus habitantes, entre otras cosas. Ojalá logren superar esta barrera.

Preguntas Capítulo III

1. ¿Cuál es el nombre del trastorno que sufrió Alexander al llegar a California?

2. ¿Con quienes vivía Alexander en Texas?

3. ¿Cuál es la función de la organización Polaris?

4. ¿Cuál es el nombre del programa de Emprendimientos para Migrantes de Retorno en Guatemala?

5. ¿Cuál es el nombre del país que se ha afiliado con Guatemala para frenar la migración hacia los Estados Unidos?

Preguntas y Respuestas

Capítulo I: De Guatemala a México

1. ¿Cuántos kilómetros existen entre Huehuetenango y la capital de Guatemala?

Unos 264 km

2. Según el tío de Alexander, ¿Cómo es el clima de Corpus Christi?

El verano es largo, caluroso, opresivo y el invierno ventoso

3. ¿Quién le dio a Alexander los cinco mil dólares para el viaje?

El padrino, llamado Edgar

4. ¿Qué llevaba Alexander en el morral guatemalteco?

Llevaba el dinero, las tortillas y su ropa

5. ¿Qué observaba Alexander cuando iba en el autobús rumbo a Tecún Umán?

La arqueología de Zaculeu y los rasgos coloniales de la Villa de Chiantla

Capítulo II: De México a Estados Unidos

1. ¿Cuál es el nombre del tren utilizado para ir hacia el norte de México?

El tren de La Bestia

2. ¿Qué ofrece la institución FM4 a los migrantes?

Ofrece servicio telefónico con derecho a una llamada internacional de escasos minutos

3. ¿Qué era El Barretal antes de convertirse en un albergue para migrantes?

Era un lugar donde cantaban y hacían teatro

4. ¿Quiénes fueron a la Oficina de Inmigración a solicitar las visas humanitarias mexicanas?

Bernardo, Raúl y Jorge

5. ¿Cuáles era las actividades de Juanita Valdéz?

Maestra y voluntaria en el refugio

Capítulo III: De Estados Unidos a Guatemala

1. ¿Cuál es el nombre del trastorno que sufrió Alexander al llegar a California?

Trastorno de estrés postraumático

2. ¿Con quienes vivía Alexander en Texas?

Con el tío José, su esposa María Flor y sus primos Gabriel y Nana

3. ¿Cuál es la función de la organización Polaris?

Es una organización que presta ayuda a los inmigrantes indocumentados y se ocupa de cualquier irregularidad que ellos denuncian

4. ¿Cuál es el nombre del programa de Emprendimientos para Migrantes de Retorno en Guatemala?

Guate te Incluye

5. ¿Cuál es el nombre del país que se ha afiliado con Guatemala para frenar la migración hacia los Estados Unidos?

Honduras

2nd edition, pictures by Maidy Parra

SCHINKEN VERLAG

Robert Wolff, Im Suren Winkel 23, 21365 Adendorf, Germany

Thank you for buying this book. You are welcome to contact us if you would like to receive our audio book as a small gift. The audio book contains some short stories in simple Spanish from different books of our publishing house. Please contact us under:

info@schinken-verlag.de

We are a small publishing house and can also be contacted at this e-mail address for criticism, comments or anything else.

Printed in Great Britain
by Amazon

36290130R00069